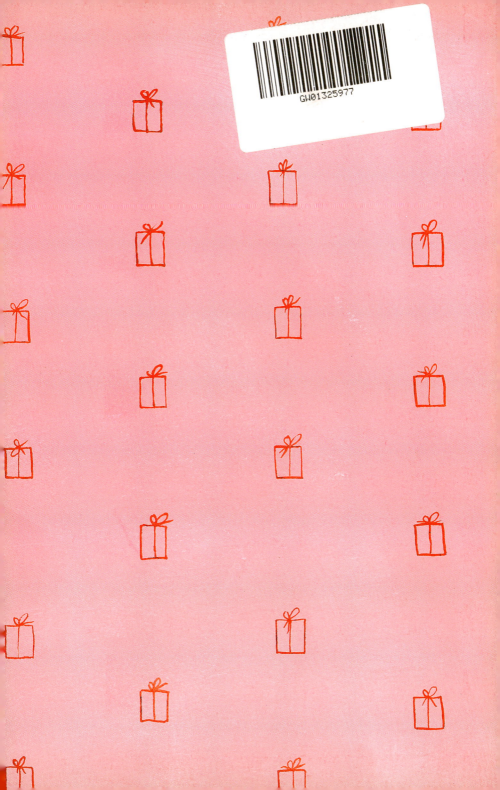

Keine Kuscheltiere für Johanna

Martin Baltscheit
Marion Goedelt

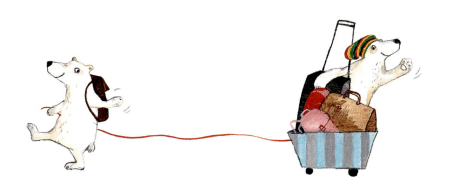

TULIPAN VERLAG

„Zehntausend!"
Johanna stand zwischen ihren Spielsachen und machte beim Zählen eine Pause.
„Zu viele." Sie schüttelte den Kopf wie Mama, wenn sie am Morgen nicht wusste, was sie anziehen sollte.

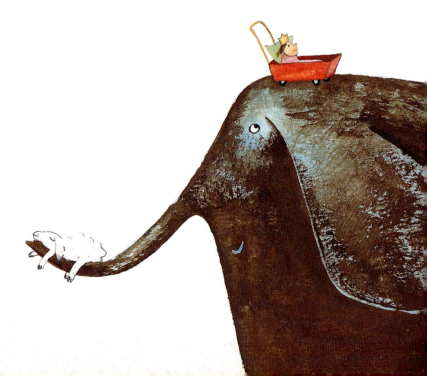

„Liebe Spielsachen, verehrte Kuscheltiere. Die Zeit, die eilt im Sauseschritt, und wir haben keine Puste mehr. Morgen werde ich sieben Jahre alt. Ich erwarte Geschenke. Aber das Zimmer ist zu klein für neue Sachen. Also müssen wir Platz schaffen! Wer geht freiwillig?"

Panik! Alle redeten durcheinander.
Die Gummienten und Wasserpistolen
versteckten sich hinter der Memory-
packung, ein roter Flummi sprang
aufgeregt zwischen den Barbiepuppen
herum und rief: „Ich nicht! Ich nicht!
Ich nicht!"

Johanna hob die Hände: „Ruhe! Ruhe bitte. Es gibt noch eine andere Möglichkeit. Wir könnten eine kleinere Gruppe zu meiner Cousine Cornelia nach Berlin schicken."

„Aaaah!", schrien die Kuscheltiere auf. „Nach Berlin, zu Cornelia?"

Cornelia war keine drei Jahre alt und schon einmal zu Besuch gewesen. Damals hatte sie mit den Teddybären Wasserfall gespielt. Zwei von ihnen spülte sie ins Klo und mit einem dritten verstopfte sie das Rohr. Er hat sich bis heute nicht von dem Schreck erholt.

Johanna rieb sich das Kinn: „Hm, ja, wir könnten auch eine gemütliche Kiste im Keller einrichten ..."

„Im Keller?" Die Barbiepuppen stolperten in ihr Ferienhaus mit Pferdestall und Flachbildschirm. Lieber würden sie sterben, als auch nur eine Nacht im kalten Keller zu verbringen.

„Ihr könnt doch den Löwen mitnehmen",
sagte das einäugige Bambi.

Verdammt, dachte Johanna, den Löwen kann ich nicht hergeben, der beschützt mich doch.

„Also gut, also gut", beruhigte sie die aufgeregte Menge, „ich gebe zu, der Keller ist zu dunkel. Ein Platz an der Sonne wäre schöner. Vielleicht gehen wir auf den Balkon, aufs Dach oder fahren ins herrliche Afrika …"
„Was ist Afrika?" Der Kater mit dem abgekauten Ohr war schon ziemlich weit rumgekommen, aber von Afrika hatte er noch nie etwas gehört.

„Afrika", zwitscherte Johanna, „ist ein Kontinent mit unglaublich vielen Kindern, die alle kein einziges Spielzeug haben."
„Ich geh", rief die giftige Papierschlange, „dann habe ich ein Kind ganz für mich allein."
„Ganz allein? Du meinst, jeder von uns wäre ein Lieblingsspielzeug?", fragte eines der weißen Schafe.
Johanna kniff die Augen zusammen.
Jetzt blökte der Rest der Herde:
„Lieblingsspielzeug! Lieblingsspielzeug!"
Die Schafe drehten sich um sich selbst und gratulierten sich gegenseitig:
„Afrika, wir fahren nach Afrika!"

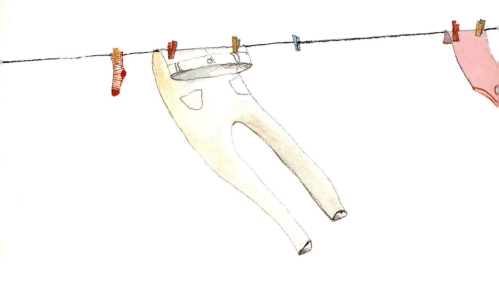

Die anderen Kuscheltiere wollten auch mit. "Hurra, hurra!", brüllten sie. "Nach Afrika, und jeder wird Lieblingsspielzeug." Sie rannten kreuz und quer, packten ihre Koffer und schmierten Stullen für die Fahrt.
Johanna ließ die Schultern sinken.
"Äh, geht ihr jetzt alle?", fragte sie.
"Hurra, hurra, nach Afrika!", sang der Chor der Kuscheltiere immer lauter.

Das hatte Johanna nicht gewollt. Sie wollte doch nur ein kleines bisschen Platz schaffen.
Aber jetzt standen alle in einer langen Schlange vor ihr. Reisefertig und mit gepackten Koffern. Die meisten waren sogar schon auf der Toilette gewesen.

„Na dann", sagte Johanna traurig, „lebt wohl. Viel Spaß in Afrika. Und wenn ihr das Spielzeugmonster trefft, dann grüßt es schön von mir!"
„Ja, ja!", riefen die Tiere und marschierten geschlossen aus dem Zimmer. „Wenn wir das Spielzeugmonster sehen, grüßen wir – was?"

Sie kehrten um, und die Tür fiel ins Schloss. „Welches Monster?"

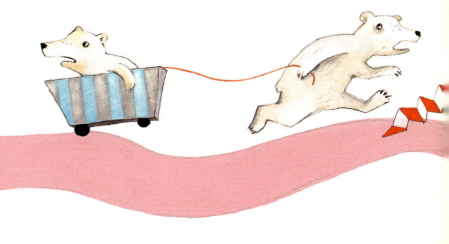

Johanna zog die Brauen hoch und knibbelte an ihren Fingernägeln. „Ach das", sagte sie beiläufig, „das ist nur ein kleines Monster. Mehr als zehn oder zwölf Stofftiere am Tag verspeist es selten. Außer wenn es Geburtstag hat. An Geburtstagen können es leicht mehr werden. So mindestens hundert! Kommt drauf an, wer eingeladen wird. Afrikanische Spielzeugmonster haben eine große Familie."

Die Reisegruppe bewegte sich keinen Millimeter mehr, und Johanna beschrieb die Monsterverwandtschaft in allen Einzelheiten. Je mehr sie sich ausdachte, desto mehr wollten ihre Zuhörer wissen. Je mehr sie wussten, desto mehr fürchteten sie sich. Johanna rückte dichter an sie heran.

Draußen wurde es dunkel, und die Schatten an den Wänden zitterten. Sogar Johanna gruselte sich. Man hielt sich an Händen, Flossen, Strippen oder sonst irgendwas.

Jetzt wollte niemand mehr gehen.
Weder zur Cousine noch in den
Keller und schon gar nicht nach Afrika.
Sie würden zusammenbleiben.
Alle. Für immer.
Über diesem letzten Gedanken
schlief Johanna ein. Sie schlief in
einem Berg aus Spielsachen und
hatte fürchterliche Träume.

Kurz nach der Sonne erwachte auch Johanna. Sie rieb sich die Augen. Keine Spur von Afrika. Kein Monster, keine Verwandten, kein ... Geburtstag? Johanna sprang aus dem Bett. Geburtstag, der siebte! Sie rechnete mit dem Schlimmsten und suchte ihr Zimmer ab. Tisch und Stuhl und Schrank. Aber da war nichts. Kein Paket, keine aufwendig umwickelten Schachteln, keine kleinen, bunten Kästchen, kein einziges Geschenk. Nur eine Karte lag auf ihrem Kopfkissen.

Gutschein für einen Kirmesbesuch von Mama und Papa

Was für ein Glück! Johanna quietschte vor Freude: „Ein Kirmesbesuch, bloß ein Kirmesbesuch!"

Sie hüpfte herum und kuschelte mit jedem
Kuscheltier. Riesenjubel! Morgenfreude!
Die Tiere fielen sich in die Arme, Flossen,
Strippen oder sonst irgendwas. „Gerettet!",
sangen sie. „Niemand muss in den Keller,
wir bleiben alle zusammen!"

Der Rest vom Tag war gut und ist auch schnell erzählt. Es war ein langer herrlicher Kirmesbesuch. Die Achterbahn war wild, die Zuckerwatte süß, Mama bekam ein Lebkuchenherz, und Papa durfte mit einem Gewehr schießen. Johanna aber kaufte sich für zehn Euro Lose …

... an der Bude mit den großen weichen Kuscheltieren.

© Tulipan Verlag, Berlin 2008
Alle Rechte vorbehalten
1. Auflage 2008
Text: Martin Baltscheit
Bilder: Marion Goedelt
Gestaltung: Anette Beckmann
Druck: Grafisches Centrum Cuno GmbH & Co. KG, Calbe
ISBN 978-3-939944-20-1
www.tulipan-verlag.de

Martin Baltscheit, geboren 1965, studierte Kommunikationsdesign an der Folkwangschule Essen. Seitdem ist er als Illustrator, Schauspieler, Kinderbuch-, Prosa-, Hörspiel- und Theaterautor tätig. Für seine Arbeiten erhielt er zahlreiche Auszeichnungen. Martin Baltscheit lebt in Düsseldorf.

Marion Goedelt, geboren 1973 in Hamburg, studierte Illustration an der Fachhochschule für Gestaltung in Hamburg und arbeitet seither für verschiedene Kinderbuchverlage. Seit 2001 lebt sie in Berlin und gründete dort das Atelier »gute gründe«.

TULIPAN ABC – Literatur für Erstleser

»Wer die Erst- und Zweitlesebücher kennt, wird dem neuen Tulipan Verlag mit seinem literarischen ABC gratulieren.« DIE ZEIT

Lesestufe A ab 6 Jahre: Für Anfänger

 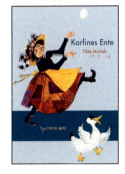 

Lesestufe B ab 7 Jahre: Für Fortgeschrittene

Lesestufe C ab 8 Jahre: Für Profis

Mehr unter www.tulipan-verlag.de